Inhalt

Telekommunikationsausrüster - Starten Alcatel und Lucent mit ihrer geplanten Fusion die lang erwartete Marktkonsolidierung?

Kernthesen

Beitrag

Fallbeispiele

Zahlen und Fakten

Weiterführende Literatur

Impressum

GENIOS BranchenWissen Nr. 04/2006 vom 21.04.2006

Telekommunikationsaus - Starten Alcatel und Lucent mit ihrer geplanten Fusion die lang erwartete Marktkonsolidierung?

Autor GENIOS BranchenWissen: M.Westphal

Kernthesen

- Der Markt für Telekomausrüster muss sich dringend konsolidieren, denn nahezu alle Anbieter in diesem Markt sind heute kleiner als vor sechs Jahren in den Hochzeiten des Internetbooms.
- Die Telekommunikationskonzerne als Kunden der Telekomausrüster wachsen und

daraus entsteht der Druck, dass auch die Anbieterunternehmen wachsen müssen.
- Standardisierte Internet-Komponenten, die deutlich günstiger sind als das bisherige Telekommaterial, und Billigprodukte aus dem asiatischen Raum (insbesondere China), die jetzt auch auf den Weltmarkt drängen, verstärken den Preisedruck und erhöhen gleichzeitig den Konkurrenzdruck.
- Die beiden ersten großen Telekomausrüster, die vielleicht eine Fusionswelle lostreten werden, sind Alcatel und Lucent, dabei sind die Auswirkungen der Fusion auf den Standort Deutschland noch nicht abzusehen.

Beitrag

Nach gescheiterten Fusionsgesprächen im Jahre 2001 haben die Telekomausrüster Alcatel und Lucent beschlossen, innerhalb der nächsten sechs bis zwölf Monate zu fusionieren. Ist dies der Startschuss für die lang erwartete Marktkonsolidierung der Telekomausrüster?

Zwei große Telekomausrüster

wollen "heiraten"

Am ersten Aprilwochenende haben die Telekomausrüster Alcatel und Lucent verkündet, dass sie sich in den nächsten sechs bis zwölf Monaten zusammenschließen wollen. Damit wird der neue Konzern nach Cisco der zweitgrößte Telekomausrüster der Welt werden mit Kunden wie der Deutschen Telekom, BT, France Telekom, aber auch US-Firmen wie Verizon Wireless, AT&T und auch dem chinesischen Kunden China Telecom. Auch die Telekommunikationssparte "Com" der Siemens AG, die bisher hinter Cisco und Ericsson mit einem Jahresumsatz von 13,1 Milliarden Euro Rang drei belegte, wird so von dem neuen Konzern überholt werden, sofern die geplante Fusion die Kartellbehörden erfolgreich passieren wird. (2), (7), (8)

Die Fusion zwischen Alcatel und Lucent wird einen Konzern bilden, der 88 000 Mitarbeiter beschäftigt, einen Umsatz von 21 Milliarden hat, einen Gewinn von zwei Milliarden Euro erwirtschaftet und eine Börsenkapitalisierung von knapp 30 Milliarden Euro aufweist.
Allerdings werden im Zuge dieser Fusion etwa 9 000 Mitarbeiter ihren Arbeitsplatz verlieren, was einen wesentlichen Baustein zur Erreichung der Synergieeffekte von 1,4 Milliarden Euro darstellen wird.

Der neue Name des Unternehmens steht noch nicht fest, es wird allerdings unter französischem Gesellschaftsrecht mit einem Sitz in Frankreichs Hauptstadt Paris firmieren. (3), (7), (11)

Die Firmen haben einen Aktientausch gemäß dem aktuellen Börsenwert der beiden Unternehmen vereinbart, wonach den Alcatel-Aktionären etwa 60 Prozent des gesamten Konzerns gehören wird. (7), (8)

Die jetzt eingeläutete Fusion der beiden Telekomausrüster Lucent und Alcatel ist eine Neuauflage der im Jahre 2001 gescheiterten Verhandlungen zwischen diesen beiden Partnern. Damals hätte der neue Konzern einen gemeinsamen Umsatz von 70 Milliarden Euro erzielt. Nach dem Platzen der Internetblase sind beide Konzerne aber durch harte Restrukturierungsmaßnahmen auf Umsätze von 7,8 Milliarden Euro (Lucent) und 13 Milliarden Euro (Alcatel) und damit jeweils auf etwa die Hälfte des Standes von vor fünf Jahren geschrumpft. (1), (3), (8)

Die Satellitensparte Alcatel Alenia Space wird im Rahmen der Fusion vorher ausgegliedert werden, da sie zur Rüstungsindustrie und somit zu einem staatlich geschützten Wirtschaftszweig gehört. Eine Abgabe an den Rüstungskonzern Thales, an dem Alcatel 9,5 Prozent Beteiligung hält, ist schon im

Vorfeld der Verhandlungen eingefädelt worden. (1) Ähnliches wird auch für die verteidigungsrelevanten Geschäftszweige von Lucent gelten. (1)

Auf der Pressekonferenz in Paris, auf der die Fusion verkündet wurde, wurden drei Gründe hervorgehoben, die für eine erfolgreiche Zukunft des neuen Unternehmens stehen würden:
1. Die Forschung und Entwicklung beider Unternehmen würde gestärkt werden. So würden im neuen Unternehmen 26 000 Entwicklungsingenieure beschäftigt sein und 25 000 aktive Patente gehalten werden. Die Einkaufskosten könnten sinken.
2. Die neue Unternehmung umfasst auch Überlappungen der beiden Partner, sodass durch entsprechende Restrukturierungen deutlich Kosten eingespart werden können. An deren Ende würde man zu den kostengünstigsten Anbietern gehören. Die Kosten für diese Restrukturierung würden insbesondere aus Abfindungen für die Personaleinsparungen von etwa zehn Prozent bestehen. Alcatel und Lucent haben dafür für das erste gemeinsame Jahr 1,4 Milliarden Euro eingeplant.
3. Die Telekommunikationskonzerne als Kunden der Telekomausrüster wachsen. Daraus entsteht der Druck, dass auch die Anbieterunternehmen wachsen müssten. Und dieser Druck hätte sich seit dem ersten Fusionsanlauf der beiden Unternehmen noch deutlich vergrößert. (5), (11)

"Fit" der beiden Unternehmen

Geographisch betrachtet passen die beiden Unternehmen sehr gut zusammen. Alcatel bestreitet 49 Prozent seines Umsatzes in Europa und 14 Prozent in Nordamerika. Lucent hingegen kommt in Nordamerika auf etwa zwei Drittel seines Umsatzes und macht in Europa nur 13 Prozent. Das gemeinsame Unternehmen würde jeweils ein Drittel seiner Erlöse in Europa und Nordamerika erzielen. In der asiatisch-pazifischen Region würden noch etwa 15 Prozent hinzukommen. Somit wäre das neue Unternehmen der erste global aufgestellte Telekommunikationsausrüster. Technologisch hat Lucent seine Stärke im Mobilfunkstandard CDMA, Alcatel dagegen in GSM und ist damit stark auf Europa und Schwellenländer fokussiert. Außerdem hat Alcatel bei Triple Play eine führende Rolle. (5), (7)

Allerdings überschneidet sich das Portfolio von Lucent und Alcatel auch in einigen Bereichen. So ist Lucent in Europa ein direkter Konkurrent des Weltmarktführers Alcatel im Bereich DSL und kann mit Arcor in Deutschland oder T-Online in Frankreich prominente Kunden aufweisen. Ebenso wird die Beantwortung der Frage, wer im Bereich

Next Generation Networks federführend agieren wird, zu Streitigkeiten führen. Außerdem ergibt sich bei Voice over IP eine Überschneidung. In diesem Segment wird von Gartner die ausgefeilte Migrationsstrategie von Alcatel gelobt. (11)

Einfluß der Fusion auf den Standort Deutschland

Alcatel hieß in Deutschland früher SEL (Standard Electric Lorenz) und war mit seinen 42 000 Mitarbeitern Haus- und Hoflieferant der Deutschen Bundespost. Inzwischen gibt es in Deutschland nahezu keine Produktion mehr, Deutschland stellt für Alcatel aber den größten Forschungsstandort außerhalb Frankreichs dar. So sind von den noch verbliebenen 5 200 Beschäftigten rund 1 800 Entwicklungsingenieure. Schwerpunkte der Aktivitäten in Deutschland stellt die weltweite Entwicklung der Mobilfunk-Basisstationen dar für alle Mobilfunkstandards außer dem auf dem amerikanischen Kontinent vorherrschenden CDMA-Standard (der nun durch die Ehe mit dem entsprechenden Marktführer Lucent im neuen Konzern auch abgedeckt wird). Außerdem ist die Festnetztechnologie ein Schwerpunkt der Entwicklung in Deutschland. Alcatel sieht sich hierbei als Marktführer für die neueste Generation von Telekommunikationsnetzen, die unter "Triple Play" bekannt geworden ist und über eine einzige Leitung Internet, Telefon und Fernsehen in die Haushalte distribuiert. Welchen Einfluss die geplante Fusion auf die Zahl der Arbeitsplätze in Deutschland haben wird, ist noch nicht abzusehen. (4)

Welche Probleme stehen einer erfolgreichen Fusion im Wege?

Auf Analystenseite bestehen Befürchtungen, dass künftige Pensionsansprüche ehemaliger Lucent-Beschäftigter die Fusion bedrohen könnten. So wird von Analysten der Deutschen Bank angeführt, dass die bestehenden Pensionsverpflichtungen von Lucent 37,6 Milliarden US-Dollar betragen würden, das demgegenüber stehende Vermögen aber nur 35,2 Milliarden Euro betrage. Lucent erwidert darauf, dass das Unternehmen bis 2007 keine weiteren Einzahlungen in die Pensionskassen leisten müsste. Sollten bis zum Jahre 2010 weitere Zahlungen notwendig sein, wären diese wahrscheinlich nicht wesentlich. (5)

Zwar bezeichnen sich beide Unternehmen als Experten für Kommunikationstechnologie. Diese räumt aber Sprachschwierigkeiten zwischen den beiden Unternehmen nicht aus. So wurde Lucent-CEO Russo während der Pressekonferenz gedolmetscht. Aber auch kulturelle Unterschiede zwischen den beiden Unternehmen dürften zur größten Herausforderung des Mergers werden. Denn Alcatel als größerer Partner ist trotz aller Internationalisierung sehr französisch geblieben. (6), (7)

Der Zwang zur Konsolidierung des Marktes ist groß

Seit den Hochzeiten des Internetbooms im Jahre 2000 sind die Umsätze der Telekomausrüster kräftig gesunken. So sind nahezu alle Anbieter in diesem Markt heute kleiner als vor sechs Jahren. Trotzdem hat bis jetzt noch keine Konsolidierung stattgefunden, Alcatel und Lucent sind die ersten beiden großen dieser Branche, die sich zusammen schließen. (2)

Die Übergangsphase innerhalb der Telekombranche von Schaltnetzkreisen hin zu Breitbandnetzen, die auf IP-Technologie (Internet Protocol) basieren, verstärkt den Preisdruck auf die Hardwarelieferanten. Grund sind die standardisierten Internet-Komponenten, die deutlich günstiger sind als das bisherige Telekommaterial. Ebenso drücken die Billigprodukte der chinesischen Anbieter Huawei und ZTE, die jetzt auch auf den Weltmarkt drängen, auf die Preise und erhöhen den Konkurrenzdruck. (9)

Alle Telekomausrüster kämpfen um die Aufträge der großen Telefongesellschaften. Auf der Kundenseite ist in den letzten zwei Jahren aber auch einiges passiert, was die Konzentration erhöhen wird wie z.B. die Übernahme von MCI durch Verizon Communications, AT&T durch SBC, und deren geplanter Übernahme von Bellsouth. Auch vor Europa macht dieser Trend nicht halt, so wurde die britische O2 kürzlich durch die spanische Telefonica übernommen. (8), (9)

Eine weitere Konsolidierung des Marktes ist zu erwarten, so gelten die Unternehmen wie Nortel, oder kleinere Netzwerkausrüster wie Tellabs, Juniper Networks, Sonus Networks, Foundry Systems, Extreme Networks, 3Com, Redback Networks oder Ciena als potenzielle Übernahmekandidaten. (8), (9)

Fallbeispiele

Ericsson will aus eigener Kraft wachsen

Die Fusion der Mitbewerber Alcatel und Lucent setzt den schwedischen Telekomausrüster Ericsson nicht unter Druck, seine Strategie zu ändern. Neben lockeren Gesprächen mit interessierten Fusionspartnern zieht die Strategie von Ericsson ein Wachstum aus eigener Kraft vor. Schon im vergangenen Herbst hat Ericsson sich durch die Übernahme des britischen Wettbewerbers Marconi gestärkt. Allerdings erwartet Ericsson durch die sich jetzt vollziehende Fusion einen wachsenden Wettbewerb im Markt der zusammenwachsenden Netze.

Siemens Com mittelfristig eher Nischenanbieter?

Siemens Com als größter Bereich innerhalb des Siemens-Konzerns ist für die Münchner ein Sorgenkind. Analysten gehen davon aus, dass der Bereich sich mittelfristig zu einem Nischenanbieter entwickeln wird. (2)

Zahlen & Fakten

Experten von Sal. Oppenheim gehen davon aus, dass Alcatel und Lucent im Zuge ihrer Fusion ihre Kosten deutlich senken können. Dieses wird insbesondere durch die Ausnutzung von Größenvorteilen (Hebung von Synergiepotenzialen im Forschungsbereich und Skaleneffekte bei der Produktion) realisiert werden. Die Wettbewerbsfähigkeit des neuen Konzerns wird laut Erwartungen von Analysten im Vergleich zu den beiden Vorgängerunternehmen steigen. Damit wird sich der Druck auf den Anbieter Nortel wie aber auch die Telekommunikationssparte "Com" der Siemens AG deutlich erhöhen. (2)

Auf Anlegerseite ist die geplante Fusion zwischen Alcatel und Lucent positiv aufgenommen worden. So legten am Montag noch Verkündung die Aktien von Alcatel um fast sechs Prozent und die von Lucent um 1,6 Prozent zu. Von vielen Analysten wurden die Kursziele für beide Partner angehoben. So wurden auch die aufgrund von Synergieeffekten kommunizierten Einspareffekte von 1,4 Milliarden Euro innerhalb drei Jahren honoriert. Allerdings gab es auch Analysten die darauf hinwiesen, dass Lucent seine Sanierung noch nicht abgeschlossen habe und bisher wenig erfolgreich wäre, seine Profitabilität zu verbessern. (5)

Die bevorstehende Aufrüstung zu Multimedia-Netzen wird für Netzwerklieferanten, deren Markt zuletzt auf 450 Milliarden Euro beziffert wurde, einen wesentlichen Umbruch darstellen. (7)

Die Margen im Telekomausrüstermarkt bewegen sich inzwischen wieder auf dem Niveau vor dem Platzen der Internetblase. Zu berücksichtigen ist aber, dass sich das Umsatzvolumen in der Zwischenzeit deutlich verringert hat. (10)

Weiterführende Literatur

(1) Der Kalte aus Marseille
aus Süddeutsche Zeitung, 05.04.2006, Ausgabe Deutschland, S. 20

(2) Hofer, Joachim, Veränderungen in der Telekombranche, Siemens kommt unter Zugzwang, Handelsblatt online, 20060404
aus Süddeutsche Zeitung, 05.04.2006, Ausgabe

Deutschland, S. 20

(3) Telekom-Heirat klappt im zweiten Anlauf Fusion: Alcatel und Lucent verschmelzen zu einem Konzern mit 21 Milliarden Euro Gesamtumsatz
aus WirtschaftsBlatt, 04.04.2006, Nr. 2588, S. 15

(4) Wichtiger Partner der Telekom
aus Frankfurter Allgemeine Zeitung, 04.04.2006, Nr. 80, S. 15

(5) Anleger begrüßen die Fusion von Alcatel und Lucent
aus Frankfurter Allgemeine Zeitung, 04.04.2006, Nr. 80, S. 15

(6) Mehr Einkaufsmacht
aus Frankfurter Allgemeine Zeitung, 04.04.2006, Nr. 80, S. 20

(7) Alcatel übernimmt Rivalen Lucent Größter Telekomausrüster der Welt entsteht · Paris wird Firmensitz · Kaufpreis liegt bei 13 Mrd. Dollar
aus Financial Times Deutschland vom 03.04.2006, Seite 6

(8) Alcatel und Lucent besiegeln Fusion
aus Handelsblatt Nr. 066 vom 03.04.06 Seite 13

(9) Telecomausrüster stehen vor weiteren Zusammenschlüssen Konsolidierung unter den Kunden – Neue Technologien und Anbieter drücken Preise – Nortel im Zentrum

aus Finanz und Wirtschaft, Seite 34

(10) Fusion von Alcatel und Lucent eröffnet enormes Sparpotenzial Der französische Konzern agiert aus einer Position der Stärke – Grosse Ambitionen im Bereich neuer Netzwerktechnologien
aus Finanz und Wirtschaft, Seite 34

(11) Alcatel und Lucent - Fusion mit Folgen
aus Computerwoche, 31.03.2006, Nr. 13 Seite 12

Impressum

Telekommunikationsausrüster - Starten Alcatel und Lucent mit ihrer geplanten Fusion die lang erwartete Marktkonsolidierung?

Bibliografische Information der deutschen Nationalbibliothek

Die Deutsche Nationalbibliothek verzeichnet diese Publikation in der deutschen Nationalbibliografie; detaillierte bibliografische Daten sind im Internet über http://dnb.d-nb.de abrufbar.

ISBN: 978-3-7379-2803-8

© 2015 GBI-Genios Deutsche Wirtschaftsdatenbank GmbH, Freischützstraße 96, 81927 München, www.genios.de

Alle Rechte vorbehalten. Dieses Werk ist einschließlich aller seiner Teile – z.B. Texte, Tabellen und Grafiken - urheberrechtlich geschützt. Jede Verwertung außerhalb der Grenzen des Urheberrechtsgesetzes bedarf der vorherigen Zustimmung des Verlags. Dies gilt insbesondere auch für auszugsweise Nachdrucke, fotomechanische Vervielfältigungen (Fotokopie/Mikroskopie), Übersetzungen, Auswertungen durch Datenbanken oder ähnliche Einrichtungen und die Einspeicherung und Verarbeitung in elektronischen Systemen.